Evelyne Laye

Grüne

Smoothies

Von einfach bis raffiniert bis Superfood

Die 100 besten Rezepte

Jadebaum

Inhaltsverzeichnis

Vorwort

Es gibt wohl kaum eine gesündere und einfachere Weise, nährstoffreiche grüne Blätter und reifes Obst zu sich zu nehmen, als sie in einem kühl servierten köstlichen Drink langsam und genüsslich Schluck für Schluck zu genießen!
In diesem Büchlein finden Sie alles Wissenswerte, um wunderbare grüne Smoothies selbst herzustellen, plus 100 Rezepte, die keine Wünsche offen lassen: einfache Rezepte für Anfänger, raffinierte Rezepte für die Schleckermäuler, herzhafte und süße Rezepte und Rezepte mit heimischen Wildkräutern und den besten Superfoods.
Es war noch nie so einfach und köstlich, sich gesund zu ernähren. Viel Spaß mit den grünen Smoothies!

Evelyne Laye   Tübingen im Januar 2016

Grüne Smoothies

Was sind grüne Smoothies?

Ganz kurz gesagt: eine kleine Revolution in unserer Ernährung! Grüne Smoothies sind schnell und einfach zuzubereiten, sehr schmackhaft und voll von den besten Nährstoffen für unseren Körper.

Doch zuerst einmal möchte ich gerne von den Anfängen der grünen Smoothies erzählen: Im Jahre 2004 experimentierte die Russin Viktoria Boutenko mit verschiedenen Nahrungsmitteln und suchte nach einem Weg, sich gesünder zu ernähren. Sie wusste, dass es für die Gesundheit förderlich ist, grüne Blätter mit viel Chlorophyll zu essen und suchte nach neuen Möglichkeiten, sie so zu sich zu nehmen, dass die oft bitteren und mühsam zu kauenden Blätter gut schmecken würden. So kam sie auf die Idee, verschiedenste grüne Blätter zusammen mit Obst in einen Mixer zu geben und diesen Smoothie zu trinken. Sie berichtet, es sei wie ein Wunder für sie gewesen. Sie und ihre Familie waren begeistert und erlebten vielfältige positive Auswirkungen auf ihre Gesundheit!

Nachdem sie viele Menschen damit bekannt gemacht und Erfahrungen gesammelt hatte, brachte sie ihr erstes Buch „Grüne Smoothies" heraus, das in der Folge eine regelrechte Grüne-Smoothie-Welle auslöste, die um die ganze Welt ging. Ich war begeistert, als ich auf meinen Reisen in den letzten Jahren in verschiedensten Ländern wie Bolivien, Indien und Thailand Cafés entdeckte, die grüne Smoothies in vielen Variationen auf ihrer Speisekarte stehen haben.

Grüne Smoothies

„Smooth" bedeutet „samtig, weich" – Um einen Früchte-Smoothie herzustellen, werden Früchte im Ganzen mit etwas Wasser im Mixer püriert, was ein Getränk von leicht sämiger Konsistenz ergibt – im Gegensatz zu Säften, wo der Fruchtsaft aus der Frucht herausgepresst wird und der sogenannte Fruchttrester zurück bleibt. Ein grüner Smoothie besteht hauptsächlich aus Früchten und grünen Blättern.

Es ist wirklich so einfach: Sie werfen etwas Spinat oder sonstige grüne Blätter in Ihren Mixer, fügen eine Banane und einen Apfel hinzu, das Wasser nicht vergessen, mixen, und voilà: Sie haben Ihren ersten grünen Smoothie vor sich stehen!

Grüne Smoothies sind Mixgetränke aus Früchten und grünen Blättern. Das sind die beiden wichtigsten Bestandteile des grünen Smoothies. Des Weiteren können Sie Ihre grünen Smoothies vielfältig variieren. Sie können die ganze Palette der Früchte und der grünen Blattgemüsesorten nutzen und auch in geringem Maße Fruchtgemüse hinzugeben, zudem Nüsse, Wildkräuter oder Superfoods, also besonders nährstoffreiche Nahrungsmittel. Besondere Zusätze sind Kräuter, Gewürze und Süßungsmittel, so dass es unendliche Variationen des Geschmacks gibt und Sie sicherstellen, dass der grüne Smoothie immer fantastisch schmecken wird.

Ich habe die Smoothies vor ungefähr zehn Jahren auf meinen ausgedehnten Asienreisen kennen gelernt. Täglich bestellte ich mir leckere Ananas- oder Mangosmoothies und wollte, als ich wieder hier in Deutschland war, nicht mehr auf meinen täglichen Fruchtdrink verzichten. Ich kaufte mir meinen ersten Mixer und natürlich hörte ich damals schon von den grünen Blättern in den Smoothies, die das Getränk noch weit wertvoller und nährstoffreicher für uns machen. Da ich wegen meiner Hündin viel in der Natur unterwegs war, beschloss ich, mir tägliche Wildkräuter-Smoothies zu machen, die im Frühling und Sommer immer noch meine Lieblingssmoothies sind. Wildkräuter haben eine erstaunliche Nährstoffdichte und machen den Smoothie äußerst vitalstoffreich (siehe auch mein Buch „Wildkräuter-Smoothies", das jetzt demnächst in der vierten Auflage herauskommt und ständig überarbeitet wird). Doch Wildkräuter sind nicht immer verfügbar und im Herbst und Winter wird das Angebot recht übersichtlich. So kam ich dann über Umwege zu grünen Smoothies, die ich inzwischen seit Jahren mit Begeisterung trinke, im Frühling und Sommer mit einem hohen Wildkräuter-Anteil und im Winter mit mehr Superfood.

Die heilende Kraft der grünen Smoothies

Es ist nicht verwunderlich, dass grüne Smoothies so beliebt geworden sind, denn sie sind höchst einfach zuzubereiten und bieten ein Maximum an gesundheitsfördernden Zutaten. Grüne Blätter und Früchte enthalten eine riesige Menge an wichtigen Mineralien, Vitaminen, Spurenelementen und sekundären Pflanzenstoffen. Die allermeisten dieser Stoffe sind lebenswichtig für uns, damit unser Körper reibungslos funktioniert. Grüne Blätter und Früchte gehören zu unseren wichtigsten Nahrungsmitteln.

Obst schmeckt eigentlich immer hervorragend, doch essen wir die grünen Blätter wirklich gerne? Die meisten Menschen mögen hin und wieder ein wenig Salat oder gekochten Spinat, doch verglichen mit der Fülle an Nährstoffen, die wir durch die grünen Blätter gewinnen können, ist das recht spärlich. Größere Mengen sind mühsam zu kauen und sie schmecken oft zu „grün", um sie in ausreichendem Maße zu uns zu nehmen. Evolutionär sind wir Esser von grünen Pflanzen und Früchten, so hat sich unser Körper über viele Jahrtausende entwickelt. So ist es kein Wunder, dass wir an allen möglichen nahrungsbedingten Mangelzuständen und den daraus folgenden Krankheiten leiden.

Grüne Smoothies bieten hier die ideale Lösung! Durch das feine Mixen mit reifen Früchten wird aus dem eher langweiligen Grün ein köstliches Getränk, das wir gerne täglich trinken. Zudem werden durch das Pürieren die wertvollen Inhaltsstoffe der grünen Blätter aufgeschlossen und so vom

Körper mit wenig Energieaufwand voll und ganz aufgenommen. Das entlastet die Verdauung und wird auch von Menschen, die ansonsten nach dem Genuss von Rohkost zu Blähungen und Bauchschmerzen neigen, gut vertragen. Dank der vielfältigen Inhaltsstoffe ist der grüne Smoothie eine gesundheitliche Vorbeugung erster Klasse. Der Körper wird geschützt, vitalisiert und mit allem genährt, was seine Zellen benötigen. Und nicht nur der Körper profitiert. Der Smoothie hat eine harmonisierende Wirkung auf allen Ebenen und fördert auch das seelische und geistige Wohlbefinden. Grüne Smoothies wirken durch ihre nervenstärkenden Inhaltsstoffe stressvorbeugend, ausgleichend und belebend im Alltag.

Vitamine, Mineralien & Co

Die Vitamine im Smoothie sind für uns lebensnotwendige Stoffe. Alle Vitamine – außer Vitamin B12 – werden in großen Mengen von den Pflanzen selbst hergestellt. Vitamine fördern Heilungs- und Regenerationsprozesse im Körper und sind an vielen Stoffwechselprozessen beteiligt. Sie stärken das Immunsystem und sind unverzichtbar beim Aufbau von Zellen, Blutkörperchen, Knochen und vielem mehr. Vitamin C zum Beispiel ist ein starkes Antioxidans, das Krebserkrankungen vorbeugt, die Gefahr von Herz-Kreislauf-Erkrankungen wirksam senkt, am Aufbau von Bindegewebe und Knochen beteiligt ist, bei der Entgiftung hilft und weitere vielfältige Wirkungen zeigt.
Mineralstoffe wie Zink und Eisen sind für den Körper ebenfalls unabdingbar und an vielen verschiedenen Stoff-

wechselprozessen beteiligt. Unerlässlich sind sie als Gerüstsubstanz für das Bindegewebe und Knochen und für körpereigene Enzyme und Hormone.

Des Weiteren enthalten Pflanzen verschiedene Nahrungsenzyme, die wir für einen reibungslosen Ablauf der chemischen Prozesse in unserem Körper benötigen. Beim Erhitzen der Nahrung werden diese zerstört, sie müssen also roh aufgenommen werden.

Auch die sekundären Pflanzenstoffe – so etwa. die pflanzeneigenen Farbstoffe – sind wichtig für uns. Sie lösen verschiedenste chemische Prozesse in unserem Körper aus. Zum Beispiel haben sie einen entzündungshemmenden Einfluss und wirken antioxidativ gegen freie Radikale. Mit jedem grünen Smoothie nehmen Sie einen Cocktail an unterschiedlichen Vitalstoffen zu sich, die harmonisch zusammen wirken und in Ihren Zellen ihre heilsame Wirkung entfalten.

Jede Zutat in Ihrem grünen Smoothie ist voll von Hunderten von wichtigen Bausteinen für Ihren Körper. Wenn Sie für Abwechslung bei den Früchten und den grünen Blättern sorgen, profitieren Sie am besten von der weiten Bandbreite der Natur.

Grünes Gold Chlorophyll

Je dunkelgrüner eine Pflanze ist, umso mehr grünen Pflanzenfarbstoff, Chlorophyll genannt, enthält sie. Mit Hilfe des Chlorophylls können alle grünen Pflanzen aus Sonnenlicht Glukose herstellen, ein Vorgang, der ein wahres Wunderwerk der Natur ist und Photosynthese genannt wird. Chlorophyll ist eines der wichtigsten Inhaltsstoffe der grü-

Mangold enthält große Mengen an Chlorophyll

nen Smoothies. Es ist mit unserem Blutfarbstoff Hämoglobin eng verwandt und äußerst hilfreich beim Aufbau neuer Blutzellen, wodurch der Körper mit Sauerstoff angereichert wird. Chlorophyll ist sehr wirksam bei der Neutralisierung krebserregender Substanzen und bei der Regeneration von Strahlenschäden. Dunkelgrüne Blätter wie Spinat, Mangold oder Brennesseln mit ihrer großen Menge an Chlorophyll wirken somit hervorragend krebsvorbeugend. Dabei sind viele der gesundheitsfördernden Wirkungen des Chlorophylls noch gar nicht erforscht. Mit grünen Smoothies nehmen Sie immer genügend Chlorophyll zu sich.

Die Vorteile grüner Smoothies

Diese geballte Fülle an Vitalstoffen macht den grünen Smoothie zu einer wichtigen Quelle an Vitalität und Wohlbefinden. Wenn Sie regelmäßig grüne Smoothies trinken, werden Sie wahrscheinlich folgende Wirkungen feststellen.

- Sie sind fitter und haben mehr Energie
- Sie können besser schlafen und sind morgens ausgeruhter
- Sie haben ein besseres Immunsystem und werden nicht so leicht krank
- Sie haben eine bessere Durchblutung
- Sie haben eine schönere und straffere Haut
- Sie haben eine bessere Verdauung
- Hormonelle Schwankungen gleichen sich aus
- Chronische Beschwerden verbessern sich langsam
- Sie haben mehr Lust auf Sex
- Sie sind innerlich ruhiger und ausgeglichener
- Sie können besser geistig arbeiten und sich konzentrieren

Natürlich ist es individuell sehr verschieden, wie sich die Smoothies auf Ihr Leben auswirken und wie lange es dauert, bis Sie erste Unterschiede in Ihrem Befinden bemerken. Es braucht manchmal ein wenig Zeit, bis sich der Stoffwechsel harmonisiert. Die meisten Menschen werden sich schon nach ein bis zwei Wochen täglichen Trinkens von einem halben Liter grünen Smoothie deutlich besser fühlen.

Blattgrün für Hunde: Auch wenn Hunde Fleischfresser sind, brauchen sie doch regelmäßig einen grünen Gemüseanteil. In der freien Wildbahn essen Raubtiere zuerst den Mageninhalt mit dem vorverdauten Grün. Hunde profitieren sehr von pürierten Brennesseln, Spinat und anderen grünen Blättern. Auch ein kleines Stückchen Birne oder Apfel mögen Hunde gern. Am besten bewährt hat sich, grüne Blätter und Wildkräuter extra zu pürieren und in einen Eiswürfelbehälter zu gießen. So können Sie täglich einen grünen Würfel auftauen und Ihrem Hund ins Essen mischen. **Ganz wichtig**: für Hunde ist die Birkensüße (Xylit) hochgiftig. Sie wird nicht in der Leber verarbeitet und Hunde können leicht daran sterben, also bitte unbedingt weglassen.

Entgiften, abnehmen und Ballast loslassen

Wenn Sie beginnen, grüne Smoothies zu trinken und vielleicht sogar einzelne Mahlzeiten ganz durch sie ersetzen, kann es zu einer Reinigungsreaktion im Körper kommen. Ganz sicher geschieht dies, wenn Sie fast nur oder nur noch grüne Smoothies trinken, was eine tolle Diät ist zum Entgiften oder Abnehmen.

Durch die Zufuhr so vieler Nährstoffe und dadurch, dass Sie weniger denaturiertes Essen zu sich nehmen, fällt es der Leber leichter, ihre Arbeit zu tun und Gifte wie Schwermetalle, Medikamente und verschiedenste Toxine aus dem Blut zu filtern. Mit der Gallenflüssigkeit gelangen diese Toxine dann in unseren Dünndarm, wo ein Teil von ihnen wieder zusammen mit den Nährstoffen aufgenommen wird. So gelangen die Toxine ins Blut und zirkulieren erst einmal wieder im Körper, und wir fühlen uns unwohl, sind müde und bekommen Kopfweh. Die häufigsten Symptome sind Abgeschlagenheit, Müdigkeit, Kopfschmerzen, Reizbarkeit und Kreislaufprobleme.

Wenn Sie Entgiftungssymptome haben, freuen Sie sich, denn Sie entgiften und lassen einiges von dem Ballast los, den unsere zivilisierte Lebensweise mit sich bringt. Vielleicht fühlen Sie sich jetzt ein bisschen unwohl, aber später werden Sie sich umso besser fühlen. Trinken Sie viel Wasser, um das Ausscheiden der Gifte anzuregen. Falls die Entgiftungssymptome stark sind, trinken Sie zu Beginn etwas weniger grüne Smoothies.

Die grünen Smoothies sind auch perfekt zum Abnehmen geeignet. Außer den Nüssen sind alle Zutaten relativ kalorienarm und durch die vielen Ballaststoffe sehr sättigend, was dem Hungergefühl entgegenwirkt. Sie können jederzeit eine Mahlzeit durch einen grünen Smoothie ersetzen und haben damit weit weniger Kalorien als bei einem konventionellen Essen zu sich genommen. Wenn Sie jeden Tag eine Mahlzeit durch 0,4 Liter grünen Smoothie ersetzen, können Sie bis zu 2 Kilos pro Woche abnehmen. Wenn Sie zwei Mahlzeiten durch grüne Smoothies ersetzen, nehmen Sie zu Beginn bis zu vier Kilos pro Woche ab.

Die besten Zutaten

Grüne Blätter und Gemüse

Hier haben Sie die freie Auswahl. Die besten grünen Blätter für Ihren Smoothie sind Spinat, Mangold, Wirsing, Grünkohl, Weißkohl, Chinakohl, Pak Choi (ein milder asiatischer Kohl), Feldsalat und Rucola.

Grüner Kopfsalat, Eisbergsalat, Romanasalat und andere Salate sind ebenfalls geeignet und schmecken gut im Smoothie, haben aber weniger Nährstoffe als die vorgenannten. Toll ist auch das Blattgrün von vielen Wurzelgemüsesorten wie das Grün von Radieschen, Kohlrabi, Möhren und anderen Sorten, das oft noch nährstoffreicher ist als die Knolle selbst.

Weitere geeignete Gemüsesorten sind die köstliche Avocado, Staudensellerie, Tomate, Zucchini, Gurke und Paprika. In ganz geringer Menge sind auch Karotte, rote Beete, Zwiebeln und Brokkoli schmackhaft.

Obst

Vor allem Zitronen sollten ein häufiger Bestandteil Ihres Smoothies sein. Sie sind voller Antioxidantien und Vitamin C und stärken das Immunsystem. Die wichtigen Stoffe sind auch in der Schale enthalten, weswegen Biozitronen geeigneter sind. Ansonsten können Sie sich aus der ganzen Fülle der Früchte bedienen. Bananen, Äpfel, Birnen, Grapefruits, Granatapfel, Ananas, Mango, Aprikosen, Pfirsiche, Melone, alle Arten von Beeren und weitere Obstsorten sind alle wunderbar im Smoothie.

Wildkräuter und Kräuter

Wildkräuter mit ihrer Nährstoffdichte, ihren vielen Vitaminen, Mineralien und Enzymen sind eine ganz besonders wertvolle Zutat, und wenn Sie auch nur wenige Wildkräuter kennen, tun Sie sich etwas sehr Gutes, sie hin und wieder in Ihren grünen Smoothie hineinzumixen. Dabei ist es bemerkenswert, dass unsere häufigsten Wildkräuter auch diejenigen sind, die die meisten Nährstoffe enthalten und eine ausgesprochene Heilwirkung besitzen. Dazu gehören die Brennessel, der Löwenzahn, der Spitzwegerich, die Schafgarbe und das Gänseblümchen. Die spezielle Wirkung der einzelnen Pflanze ist beim Rezept selbst aufgeführt.

Auch Ihre Küchenkräuter finden ihren Platz im grünen Smoothie. Petersilie, Minze, Salbei, Rosmarin, Basilikum und weitere Kräuter haben ihre eigene besondere Heilkraft und einen oft sehr intensiven Geschmack.

Gewürze

Gewürze haben ebenfalls heilkräftige Eigenschaften und können ihrem Smoothie geschmacklich das besondere Etwas verleihen. Geeignet sind Chili, Ingwer, Vanille, Zimt, Kardamom, Kurkuma, Meerrettich, Salz und Pfeffer.

Kurkuma gilt als bedeutende Arznei in der chinesischen und indischen Medizin und wirkt stark entzündungshemmend, krebsvorbeugend, hemmt nachweislich die Tumorbildung und schützt vor Lungen-, Darm- und Lebererkrankungen. Zudem hilft Kurkuma bei der Entgiftung von Quecksilber. Fügen Sie öfters etwas Kurkuma – bis zu einem halben Teelöffel – Ihrem Smoothie bei.

Auch Zimt ist ein äußerst effektives Heilmittel. Zimt senkt die Blutzuckerwerte und den Cholesterinspiegel, wirkt krebsvorbeugend und entzündungshemmend, regt den Stoffwechsel an und wirkt somit fettreduzierend.
Ingwer hat entzündungshemmende und schmerzlindernde Eigenschaften und hilft wirksam bei Übelkeit und Migräne.

Superfood

Superfoods sind Lebensmittel, die eine besonders große Menge an Nährstoffen beinhalten. Es gibt wohl kein Nahrungsmittel, das so viele gesunde Nährstoffe enthält, wie ein Superfood-Smoothie. Die folgenden Superfoods können Sie gerne in Ihren Smoothie mixen: Acerola, Aloe Vera, Bienenpollen, Camu-Camu, Chia-Samen, Cranberry, Ginseng, Goji-Beeren, Granatapfel, Hanfsamen, roher Kakao, Spirulina, Moringa, Maca, Matcha-Grüntee, Noni-Saft, Propolis und Weizen- und Gerstengraspulver. Für die fünfzehn Rezepte habe ich die besten und schmackhaftesten Superfoods ausgewählt.

Süßungsmittel

Ein guter natürlicher Süßstoff ist Stevia, das 300 mal süßer ist als Zucker und aus den Blättern der Steviapflanze gewonnen wird. Stevia gibt es flüssig oder in Tablettenform und es ist überall erhältlich. Da es so süß ist, nehmen manche Menschen zu Beginn oft zu viel davon, und dann kann es einen unangenehmen Nachgeschmack haben. Mit der richtigen Dosierung schmeckt es sehr fein im Smoothie. Achten Sie auf jeden Fall darauf, dass es 100 % Stevia ist und nicht nur ein paar Prozent enthalten sind, so wie es oft im Verkauf bei Discountern der Fall ist.

Birkensüße (Birkenzucker) oder Xylit hingegen schmeckt ganz und gar wie Zucker und sieht auch so aus. Es ist ein Zuckeraustauschstoff und wird aus dem Stamm der Birke oder aus Maiskolben gewonnen. In Skandinavien wird es schon lange als Kariesprophylaxe genutzt (z.B. indem man Kindern Bonbons mit Xylit in der Schule ausgibt) und wirkt anders als Zucker kaum blutzuckersteigernd. Birkensüße hat Studien zufolge nur positive Auswirkungen auf die Gesundheit. Man sollte aber zu Beginn nicht mehr als ein bis zwei Teelöffel pro Tag zu sich nehmen, sonst kann die Birkensüße zu Durchfall führen. Wenn man sich daran gewöhnt hat, gibt sich das allerdings, und man kann mehr davon einnehmen.

Vor allem empfehle ich Stevia und Birkensüße und in geringem Maße Datteln zum Süßen. Zucker wird im Körper sauer verstoffwechselt und belastet Leber und Nieren stark und Aspartam und ähnliche Süßstoffe sind richtiggehend gesundheitsschädlich. Bei manchen Rezepten habe ich wegen des Geschmacks trotzdem etwas Honig oder Agavendicksaft hinzugefügt. Sie können diese aber auch durch Stevia oder Birkensüße ersetzen (außer bei den Spezial-Smoothie-Rezepten, bei denen der Honig besonders wichtig ist).

Nüsse, Kerne und mehr

Nüsse, Samen und Kerne haben einen hohen Anteil an essentiellen Fettsäuren und Vitaminen und können sehr lecker im Smoothie schmecken. Damit wird der Smoothie sehr reichhaltig und sättigend. Sie können je nach Wunsch kleinere Mengen an Sesam- oder Leinsamen, Sonnenblumenkerne, Walnüsse oder sonstige Nüsse hinzufügen. Wenn Sie einen Smoothie mit Nüssen stehen lassen, kann er etwas verklumpen und Sie müssen ihn vor dem Trinken nochmals gut durchschütteln.

Ungeeignete Zutaten

Gemüse wie Schwarzwurzeln, Kartoffeln und grüne Bohnen sind roh unbekömmlich und sollten nicht im Mixer landen. Auch Aubergine, Fenchel, Artischocke, Kürbis, Lauch und Pilze haben im Smoothie nichts verloren.

Geben Sie außerdem keine Wildpflanzen in Ihren Smoothie, die Sie nicht sicher zuordnen und erkennen können. Obwohl nur sehr wenige Pflanzen uns gefährlich werden können, gibt es doch ein paar, die nicht essbar sind.

Milchprodukte sind ebenfalls nicht geeignet für Ihren grünen Smoothie, da sie den Organismus belasten und den Darm verschleimen.

Welcher Mixer ist geeignet?

Sie können mit einem Pürierstab oder einem einfachen Mixer schon einen halbwegs guten Eindruck von Smoothies bekommen, doch wenn Sie wirklich cremige und gut schmeckende Getränke haben möchten, müssen Sie sich einen guten Mixer besorgen. Am allerbesten ist ein Mixer mit einer Umdrehungszahl von mindestens 30 000 pro Minute, der mühelos alle harten Kerne und störrischen grünen Blätter zerkleinern kann. Mit einem guten Mixer werden die Zellwände der grünen Pflanzen aufgebrochen und die Vitalstoffe werden freigesetzt. So stellt man sicher, dass man die wertvollen Inhaltsstoffe auch alle aufnimmt. Zu den besten Mixern gehört der Vitamix (ab 600 Euro) und der Revoblend (ab 550 Euro), die beide ausgezeichnet sind. Auch den Bianco Puro finde ich hervorragend (ab 450 Euro).

Doch es gibt auch hervorragende günstigere Geräte: ich empfehle gerne den Gastronomiemixer Omniblend V. Dieser Mixer püriert in drei Geschwindigkeiten bis zu 38 000 Umdrehungen pro Minute und steht dem Vitamix in seiner Leistung nur wenig nach. Damit der Inhalt genauso cremig und „smooth" wie beim Vitamix wird, muss man nur den Inhalt ein klein wenig länger pürieren. Er ist ab ca. 230 Euro erhältlich und bietet verglichen mit den anderen Hochleistungs-Mixern ein äußerst gutes Preis-Leistungs-Verhältnis. Man bekommt aber auch einigermaßen gute Smoothies mit günstigeren Geräten.

In einer niedrigeren Preisklasse kann ich z.B. den WMF Kult Pro Standmixer (ab 130 Euro) mit einem 1,8 Liter-Glasbehälter empfehlen.

Wenn Sie sich ausgiebig über die verschiedenen Mixer informieren möchten, empfehle ich Ihnen einen Besuch auf der Homepage www.smoothie-mixer.de. Auf dieser informativen Seite werden die unterschiedlichen Modelle (von Einsteiger- bis Profimixern) übersichtlich aufgeführt, die Besonderheiten erklärt und Sie können sie dort auch gleich bestellen.

Die Grundlagen

So bereiten Sie den Smoothie zu

Das Wunderbare an grünen Smoothies ist nicht nur, dass sie so überaus gesund sind, sondern dass sie wirklich leicht und schnell herzustellen sind. Alles, was Sie brauchen, ist ein guter Mixer und wenige Zutaten. Das ideale Verhältnis zwischen pflanzlichem Grün und dem Obstanteil sollte möglichst 40 % Obst zu 60 % grüne Blätter betragen, aber auch 50 % Obst zu 50 % grüne Blätter sind sehr gut. Wenn Sie zu Beginn aber nur 30 % grüne Blätter nehmen, wird dieser Smoothie Ihnen auch rundum gut tun; ich finde, man sollte in dieser Frage nicht zu dogmatisch sein. Grüne Smoothies mixen soll Spaß machen und auch viel Platz für Variationen lassen.

Und so gehen Sie vor:

1. Waschen Sie die Früchte, das Gemüse und die grünen Blätter und schneiden Sie sie – je nachdem, wie stark Ihr Mixer ist – in kleinere Stücke. Wenn Sie biologische Zutaten wählen, können Sie an vielen Früchten auch die Schale lassen.

2. Füllen Sie zuerst die gefrorenen Zutaten und Nüsse oder Trockenfrüchte in den Mixer, so sind sie direkt an den scharfen Klingen. Fügen Sie noch nicht die Eiswürfel hinzu.

3. Geben Sie die restlichen Früchte und die grünen Blätter hinzu und ebenfalls alle restlichen Zutaten wie Superfoods, Süßungsmittel oder Gewürze.

4. Geben Sie die Flüssigkeit hinzu; meist wird das Wasser sein. Geben Sie nicht zu viel hinein. Sie können leichter einen dickflüssigen Smoothie dünner machen als einen dünnflüssigen wieder dick.

5. Mixen Sie alles gut durch.

6. Geben Sie zum Schluss die Eiswürfel hinzu. So haben die Klingen die Arbeit mit den festen Zutaten hintereinander und können sie so leichter zerkleinern.

7. Schmecken Sie ab. Fehlt noch etwas Süße? Noch eine Prise Gewürz?

8. Gießen Sie Ihren grünen Smoothie in ein hübsches Glas und dekorieren Sie ihn mit einem Stängel Minze und einem Strohhalm. Genießen Sie ihn!

Meine 12 besten Smoothie-Tipps

Kaufen Sie Bio

Biologische Früchte und Gemüsesorten sind weit weniger durch Pestizide und Schadstoffe belastet und haben einen höheren Nährstoffwert als konventionell angebaute Pflanzen, außerdem schmecken sie viel besser.

Ersetzen Sie einen Teil des Wassers durch Eiswürfel

Smoothies schmecken so richtig kalt am besten, deswegen gibt es Ihrem Smoothie noch einen Extra-Kick, wenn Sie einen Teil des Wassers durch Eiswürfel ersetzen. Auch gefrorenes Obst oder gefrorenes Gemüse ist hilfreich. Ich verwende öfters gefrorene Beeren oder Spinat aus der Packung oder stecke am Abend vor dem Mixen die Bananen ins Gefrierfach.

Süßen Sie richtig

Es ist wichtig, einen Smoothie gut mit Süße abzuschmecken, so dass die einzelnen Geschmacksnoten der Zutaten besser zur Geltung kommen. Denn der Smoothie soll gesund sein, aber auch fantastisch schmecken, sonst werden Sie Ihren Mixer bald wieder in die Ecke stellen.

Nutzen Sie gesunde Süßmacher wie Stevia oder Xylit und schmecken Sie Ihren Smoothie immer ab, bevor Sie ihn ins Glas gießen.

Machen Sie Ihren Smoothie cremiger

Um den cremigen Geschmack zu erhöhen, fügen Sie Ihrem Smoothie eine oder mehrere der folgenden Zutaten hinzu: Mango, Banane, Avocado, Kokosnussflocken, Nussmilch, Nüsse. Diese Zutaten sind alle sehr lecker im Smoothie und voll der besten Nährstoffe, so dass sie sowieso zu den häufiger genutzten Zutaten gehören sollten.

Genießen Sie Ihren Smoothie!

Der Smoothie ist kein Durstlöscher, sondern eine vollwertige und nährstoffreiche Mahlzeit. Nehmen Sie sich die Zeit, ihn in kleinen Schlucken, die Sie im Mund zergehen lassen, langsam zu sich zu nehmen.

Sehr lecker ist es auch, den grünen Smoothie langsam mit einem Strohhalm zu trinken. Den Schaum auf dem Smoothie können Sie übrigens ruhig mittrinken. Er kommt von den Saponinen in manchen Pflanzen und ist sehr gesund.

Trinken Sie Ihren Smoothie zwischendurch

Am allerbesten ist es, den Smoothie zwischen den Mahlzeiten (bis eine halbe Stunde davor) oder ganz als Mahlzeit zu sich zu nehmen. So passiert er leichter die Verdauungswege und wird schneller ins Blut aufgenommen.

Mixen Sie lange genug

Wenn Sie keinen guten Mixer zu Hause haben, kann das Smoothie-Ergebnis eher enttäuschend ausfallen. Damit der Smoothie schön fein und cremig wird, schneiden Sie das Obst und Gemüse in kleine Stücke und mixen Sie den Smoothie bis zu zwei oder drei Minuten gut durch. Da beim langen Mixen sich das Getränk immer etwas erwärmt, geben Sie auf jeden Fall Eiswürfel dazu.

Wenn Sie Ihrem Smoothie Nüsse, Trockenfrüchte oder Samen hinzugeben möchten, ist ein Mixer mittlerer Qualität damit oft schon überfordert. Weichen Sie deshalb diese Zutaten in Wasser ein – Nüsse mehrere Stunden, Trockenfrüchte und Samen eine halbe bis eine Stunde – und schütten Sie das Wasser danach weg. Die Nüsse und Samen werden weicher und können besser gemixt werden. Mit einem Hochleistungsmixer wird der Smoothie allerdings immer cremiger und schmackhafter sein, egal welche Zutaten Sie nehmen.

Wie viel vom grünen Smoothie darf ich trinken?

Da der grüne Smoothie ausschließlich aus gesunden, nährstoffreichen Zutaten besteht, können Sie im Grunde davon trinken, wie es Sie gelüstet. Eine Ausnahme bilden die Smoothies mit Superfood, da der Nährstoffanteil hier so hoch ist, dass z.B. die fünffache Menge am Tag der hier angegebenen Rezepte zu einer Überforderung des Körpers führen könnte. Auch der Wildkräuter-Anteil im Smoothie sollte nur langsam gesteigert werden, da dadurch im Körper Reinigungsprozesse angekurbelt werden, die zu Entgiftungssymptomen führen können.

Ansonsten gilt: fühlen Sie in sich hinein, wieviel grüner Smoothie Ihnen gerade jetzt und heute gut tut.

Wie lange ist der grüne Smoothie haltbar?

Da der grüne Smoothie sehr viele Antioxidantien enthält, ist er auch eine Weile gekühlt haltbar. Natürlich ist es am besten, Sie trinken ihn sofort nach der Zubereitung, da schmeckt er auch am besten. Aber wenn das nicht geht oder Sie eine größere Menge zubereitet haben, dann können Sie ihn bis zu drei Tagen im Kühlschrank aufbewahren.

Allerdings kann sich manchmal der Geschmack verändern, weil das Eis schmilzt oder eine Zutat dann richtig durchzieht und den Smoothie dann dominiert. Der Smoothie wird immer noch gut schmecken, aber oft nicht so fein abgeschmeckt wie zu Beginn. Oft verklumpt er auch ein wenig nach einigen Stunden, oder es setzt sich der Gemüseanteil nach oben ab. Schütteln Sie deshalb die Flasche mit dem Smoothie vor dem Trinken nochmal gut durch.

Was ist mit der Oxalsäure?

Es gibt einige grüne Blätter, in denen in geringem Maße Oxalsäure enthalten ist: im Spinat, Mangold, Sauerampfer und in den Blättern der roten Beete.

Nun gibt es grüne-Smoothie-Kritiker, die behaupten, zu viele grüne Smoothies würden wegen der Oxalsäure Nierensteine verursachen. Vor allem geht es um den Spinat, der in größeren Mengen im Smoothie getrunken wird. Doch dieser enthält so viele Mineralien wie Magnesium, Kalzium und Kalium, dass die Nierensteingefahr schon alleine dadurch wieder gebannt ist. Zudem ist Zitronensaft, der häufig Bestandteil in den grünen Smoothies ist, sehr förderlich, um die Nierensteinentstehung zu verhindern.

Wenn Sie allerdings völlig sicher gehen wollen, trinken Sie einfach nur jeden zweiten Tag einen Smoothie mit Spinat, und nicht jeden einzelnen Tag. Menschen bekommen vor allem Nierensteine durch ihre herkömmliche Ernährung und vom zu wenig Wasser trinken, nicht von grünen Smoothies.

Grüne Smoothies für jede Gelegenheit

Da morgens der Körper nach der langen Nachtphase noch mitten in der Entgiftung steckt, ist es wunderbar, den grünen Smoothie gleich morgens als Frühstück zu trinken. So entgiften Sie noch eine Weile und die Nährstoffe des Smoothies können wegen des leeren Magens sofort ins Blut übergehen. Wenn Sie nach ein bis zwei Stunden wieder Hunger haben sollten, können Sie ja dann immer noch einen Happen essen.

Wenn Sie einige Stunden weg sind und in dieser Zeit etwas Gesundes zu sich nehmen möchten, bietet sich der Smoothie ebenfalls an. Füllen Sie ihn in eine Glasflasche und nehmen Sie ihn mit. Das geht einfach und schnell und der Smoothie ist so sättigend, dass Sie jederzeit auch eine Mahlzeit durch den Smoothie ersetzen können.

Kinder lieben Smoothies

Es ist recht einfach, Kindern ansonsten ungeliebtes Obst und Grünzeug in Form eines leckeren Smoothie unterzujubeln :-); nur genügend gesüßt sollte er sein. Am besten etablieren Sie die Routine eines täglichen Smoothies und beteiligen die Kinder auch der Herstellung; kleinere Kinder sind sehr fasziniert vom Mixen, größere Kinder experimentieren gerne mit den Zutaten. Fügen Sie zu Beginn nur wenige grüne Blätter hinzu und steigern Sie die Menge langsam. Mit den Smoothies stellen Sie sicher, dass Ihre Kinder genügend Nährstoffe bekommen und so können Sie sich bei den restlichen Mahlzeiten entspannen.

100
Smoothie-Rezepte

100 Smoothie-Rezepte

Diese Rezeptesammlung soll Sie in die Vielfalt der Welt der grünen Smoothies einführen und Ihnen zeigen, was für leckere und interessante Kombinationen bei grünen Smoothies möglich sind.

Sie finden hier 30 einfache Rezepte mit wenigen Zutaten, 25 raffinierte Rezepte mit mehr Gewürzen und Geschmacksnoten, 10 Rezepte für herzhafte grüne Smoothies, 15 Rezepte mit köstlichen Superfoods, 10 Rezepte mit den fantastischen Wildkräutern unserer Heimat und 10 überraschende Smoothie-Spezial-Rezepte. Die meisten der Zutaten und ihre Besonderheiten werden beim Rezept selbst erklärt. Viel Spaß damit!

30 einfache grüne Smoothie-Rezepte

Spinat-Papaya-Smoothie

2 Handvoll junger Spinat
1 Papaya
2 TL Zitronensaft
Stevia oder Birkensüße nach Wunsch
Wasser oder Eiswürfel

Der milde nährstoffreiche Spinat passt zu jedem grünen Smoothie und lässt sich mit allen Früchten gut kombinieren, so auch mit der köstlichen Papaya.

Endiviensalat-Orangen-Smoothie

1/2 Kopf Endiviensalat
2 Orangen
1/2 Banane
Stevia oder Birkensüße nach Wunsch
Wasser oder Eiswürfel

Dies ergibt einen feinen fruchtigen Muntermacher für jeden Tag.

Spinat-Apfel-Smoothie

2 Handvoll junger Spinat
1 Apfel
1/2 Banane
Stevia oder Birkensüße nach Wunsch
Wasser oder Eiswürfel

Auch wenn Sie fast nichts mehr daheim haben, einen Apfel, eine Banane, etwas Spinat (vielleicht auch tiefgekühlt) findet sich meist doch noch in der Küche. Dann machen Sie sich diesen einfachen leckeren grünen Smoothie.

Mangold-Bananen-Mango-Smoothie

2 Handvoll Mangold
1 Banane
1 Mango
Stevia oder Birkensüße nach Wunsch
Wasser oder Eiswürfel

Nach diesem cremigen milden grünen Smoothie werden sich auch Kinder die Finger lecken.

Rucola-Bananen-Smoothie

1 Bund Rucola
1 Banane
1 Birne
Stevia oder Birkensüße nach Wunsch
Wasser oder Eiswürfel

Die milde Banane gleicht den etwas herben Geschmack des supergesunden Rucola gut aus.

Gurke-Kiwi-Smoothie

1 Gurke
2 Kiwis
1 Banane
1 Limette
Zucker oder Stevia nach Wunsch
Wasser oder Eiswürfel

Gurke und Kiwi mit Limette - ein feiner erfrischender und doch einfacher grüner Smoothie. Unbedingt gekühlt trinken!

Mangold-Blaubeeren-Smoothie

1 Bund Mangold
1 Banane
250 g Blaubeeren
1 TL Agavendicksaft
Wasser oder Eiswürfel

Blaubeeren sind reich an Antioxidantien und richtige kleine Vitaminbomben. Zusammen mit dem nährstoffreichen und aromatischen Mangold schmecken sie so richtig köstlich in diesem grünen Smoothie.

Salatmix-Bananen-Smoothie

1 Packung Salatmix
1 Banane
1 Apfel
Stevia oder Eiswürfel nach Wunsch
Wasser oder Eiswürfel

Wenn es mal ganz fix gehen soll, dann ist auch eine frische Packung Salatmix nicht zu schade für einen Smoothie.

Chinakohl-Mango-Smoothie

Mehrere Blätter Chinakohl
1 Mango
1 kleines Stückchen Ingwer
Stevia oder Birkensüße nach Wunsch
Wasser oder Eiswürfel

Der milde Chinakohl ist reich an Vitaminen und Mineralien und sehr gut verträglich. Zusammen mit der Mango und dem Ingwer ergibt dies einen einfachen köstlichen grünen Smoothie.

Eisbergsalat-Orangen-Smoothie

1/2 Eisbergsalat
1 Orange
1 Banane
1 Handvoll Sonnenblumenkerne
Stevia oder Birkensüße nach Wunsch
Wasser oder Eiswürfel

Die Sonnenblumenkerne machen diesen leckeren einfachen Smoothie reichhaltig und sämig.

Feldsalat-Mango-Smoothie

2 Handvoll Feldsalat
1/2 Mango
1 Apfel
1/2 Banane
3 Datteln
Wasser oder Eiswürfel

Diesen fruchtigen milden süßen Smoothie trinken auch grüne Smoothie-Muffel gerne.

Karottengrün-Orangen-Smoothie

1 Handvoll Karottengrün
1 Handvoll junger Spinat
1 Orange
1 /2 Mango
Stevia oder Birkensüße nach Wunsch
Wasser oder Eiswürfel

Die Mango mit ihren wertvollen Nährstoffen stärkt das Immunsystem, hilft beim abnehmen und macht eine schöne strahlende Haut. Das Beautyfood par excellence!

Kopfsalat-Birnen-Smoothie

1/2 Kopfsalat
2 Birnen
4-5 Datteln
Wasser oder Eiswürfel

Die Süße der nährstoffreichen Datteln verbindet sich in diesem einfachen Smoothie perfekt mit dem Aroma der Birnen.

Grünkohl-Apfel-Smoothie

3-4 große Blätter Grünkohl
2 Äpfel
1/2 Banane
Stevia oder Birkensüße nach Wunsch
Wasser oder Eiswürfel

Auch wenn Sie ihn in der Küche sonst nicht oft verwenden, hier im Smoothie ist der wertvolle nährstoffreiche Grünkohl eine tolle Zutat für Ihren Smoothie, vor allem im Winter, wenn es sonst nicht viel Grünes gibt.

Spinat-Bananen-Smoothie

2 Handvoll junger Spinat
1 Banane
1/2 Papaya
Wasser oder Eiswürfel

Die schmackhafte Papaya enthält viele wichtige Enzyme, die für Ihr Wohlbefinden wichtig sind. Ein wunderbar milder Einsteiger-Smoothie.

Wirsing-Banane-Smoothie

5 bis 7 Blätter Wirsing
1 Banane
1 Apfel
5 Datteln
Wasser oder Eiswürfel

Der sehr leckere Wirsing enthält viele Vitamine und strotzt nur so vor Magnesium. Das ist eine meiner Lieblingsgemüsesorten für meinen Smoothie.

Chinakohl-Birnen-Smoothie

Mehrere Blätter Chinakohl
1 Birne
1/2 Banane
Ein kleines Stückchen Biozitrone
Stevia oder Birkensüße nach Wunsch
Wasser oder Eiswürfel

Der vitaminreiche und milde Chinakohl verbindet
sich in diesem feinen Smoothie mit süßer Birne
und Banane.

Eichblattsalat-Nektarinen-Smoothie

1/2 Eichblattsalat
2 Nektarinen
1/2 Apfel
Stevia oder Birkensüße nach Wunsch
Wasser oder Eiswürfel

Blattsalate schmecken lecker im grünen Smoothie
und wenn Sie einen Rest Salat in der Küche haben, immer hinein damit in den Mixer. Insgesamt
enthalten sie allerdings weniger Nährstoffe als die
verschiedenen Kohl- oder Gemüsesorten.

Rote Beete-Birnen-Smoothie

Blätter einer roten Beete
1 Birne
1 Banane
1/2 roher roter Beete
Stevia oder Birkensüße nach Wunsch
Wasser oder Eiswürfel

Rote Beete schmeckt hervorragend und ist äußerst gesund. Die Blätter der roten Beete sind sogar noch nährstoffreicher als die Knolle und sollten immer im Mixer und nicht in der Mülltonne landen.

Minze-Ananas-Smoothie

1/2 Gurke
Ca. 20 Blätter Minze
1 kleiner Pfirsich
100 g gefrorene Ananas
Stevia oder Birkensüße nach Wunsch
Wasser oder Eiswürfel

Meist bin ich sparsam mit der intensiven Minze in meinen Smoothie, doch in diesem raffinierten Rezept baden wir geradezu darin! Ein äußerst erfrischender leckerer Smoothie für warme Sommertage, der unbedingt gut gekühlt sein sollte.

Feldsalat-Johannisbeeren-Smoothie

2 Handvoll Feldsalat
2 Handvoll Johannisbeeren
1 Birne
Stevia oder Birkensüße nach Wunsch
Wasser oder Eiswürfel

Rote und schwarze Johannisbeeren enthalten viele Vitamine und Antioxidantien. Zusammen mit dem milden leckeren Feldsalat eine köstliche Mixtur.

Römersalat-Ananas-Smoothie

1/2 Römersalat
200 g Ananas
3-4 Blätter Minze
Stevia oder Birkensüße nach Wunsch
Wasser oder Eiswürfel

Dies ergibt einen erfrischenden leichten Sommersmoothie.

Spinat-Zimt-Smoothie

2 Handvoll junger Spinat
1 Banane
1 Apfel
1/2 TL Zimt
1 TL Agavendicksaft
Wasser oder Eiswürfel

Zimt ist ein exquisites Gewürz, das in allen möglichen Smoothies köstlich schmeckt. Außerdem wirkt er cholesterin- und blutzuckersenkend und kurbelt kräftig den Stoffwechsel an. Viele Gründe, öfters mal an ihn zu denken...

Petersilie-Birnen-Smoothie

1 Bund Petersilie
1 Birne
1 Orange
Stevia oder Birkensüße nach Wunsch
Wasser oder Eiswürfel

Die fantastische Petersilie ist reich an Chlorophyll und zahlreichen Vitaminen und Mineralien.

Radieschenblätter-Bananen-Smoothie

1 Handvoll Radieschenblätter
1 Handvoll junger Spinat
1 Banane
2 Pflaumen
1 TL Zitronensaft
Stevia oder Birkensüße nach Wunsch
Wasser oder Eiswürfel

Werfen Sie die Blätter von Ihren Radieschen, Kohl-rabi oder Karotten nicht weg. Sie enthalten meist mehr Vitalstoffe als die Rüben selbst und schme-cken wunderbar in Ihrem Smoothie.

Mangold-Kiwi

1/2 Bund Mangold
2 Kiwis
1/2 Papaya
Stevia oder Birkensüße nach Wunsch
Wasser oder Eiswürfel

Der leckere nährstoffreiche Mangold trifft in die-sem grünen Smoothie die köstliche Kiwi und die schmackhafte Papaya.

Pak-Choi-Erdbeeren-Smoothie

1 Bund Pak Choi
2 Handvoll Erdbeeren
3 Blätter Minze
Stevia oder Birkensüße nach Wunsch
Wasser oder Eiswürfel

Die milde asiatische Kohlsorte Pak Choi ist eine meiner Lieblinge in meinem grünen Smoothie. Er schmeckt aromatisch-mild und enthält eine Menge Vitamine, Mineralien und Antioxidantien.

Wirsing-Mango-Smoothie

5 bis 7 Blätter Wirsing
1 Mango
1/2 Banane
Stevia oder Birkensüße nach Wunsch
Wasser oder Eiswürfel

Wirsing ist voll von wertvollem Chlorophyll und strotzt nur so vor Nährstoffen. Zusammen mit der Königin der Früchte, der Mango, ergibt dies einen cremigen feinen Smoothie.

Grüne Blätter-Orangen-Smoothie

2 Handvoll grüne Blätter (was Sie gerade da haben)
2 Orangen
Stevia oder Birkensüße nach Wunsch
Wasser oder Eiswürfel

Hier kommt die Resteverwertung! Haben Sie noch einen Rest Kopfsalat, Wirsing oder Radieschengrün übrig? Dann mit allem hinein in diesen einfachen, aber feinen Smoothie.

Grüne Blätter-Bananen-Smoothie

2 Handvoll grüne Blätter (was Sie gerade da haben)
1 Banane
1/2 Apfel
Stevia oder Birkensüße nach Wunsch
Wasser oder Eiswürfel

Grüne Blätter, Apfel und Banane passen eigentlich immer, Sie müssen nur angemessen und meist nicht zu wenig süßen.

25 raffinierte grüne Smoothie-Rezepte

Sellerie-Orangen-Smoothie

1 Stange Staudensellerie
1 kleine Gurke
1 Handvoll Koreanderblätter
1 Orange
1 Birne
1 Prise Chili
Stevia oder Birkensüße nach Wunsch
Wasser oder Eiswürfel

Sellerie wirkt blutdrucksenkend, entwässernd und entgiftend. Auch die Koreanderblätter haben starke antientzündliche und verdauungsfördernde Eigenschaften. In diesem feinen heilkräftigen Smoothie bringt die Prise Chili zur Süße der Birne noch das Tüpfelchen auf dem i.

Mangold-Ananas-Smoothie

1/2 Bund Mangold
5 Datteln
1 Orange
200 g Ananas
1 Prise Zimt
250 ml Kokoswasser
Eventuell etwas Wasser oder Eiswürfel hinzugeben

Ananas enthält vielerlei wichtige Enzyme, Mineralien und Spurenelemente. Sie wirkt basisch und entgiftend und durch ihren Serotoningehalt sogar stimmungsaufhellend. Aber am besten an diesem Smoothie ist: er schmeckt einfach köstlich!

Grünkohl-Grapefruit-Smoothie

3-4 Blätter Grünkohl
1 Handvoll Feldsalat
1 Grapefruit
1 Orange
1 TL Zitronensaft
Stevia oder Birkensüße nach Wunsch
Wasser oder Eiswürfel

Der Grünkohl führt bei uns oft ein Schattendasein, dabei kann man ihn nicht genug loben, so viele wohlausgewogene Mineralien, Vitamine und sekundäre Pflanzenstoffe besitzt er. In diesem herbfruchtigen Smoothie können Sie ihm wieder den Platz geben, der ihm zusteht.

Pak Choi-Himbeeren-Smoothies

2 Handvoll tiefgekühlte Himbeeren
1 Bund Pak Choi
1 TL Vanilleextrakt
7-8 Mandeln
Stevia oder Birkensüße nach Wunsch
Wasser oder Eiswürfel

Himbeeren mit Vanille und Mandeln - ein Traum! Den supergesunden und milden Kohl Pak Choi werden Sie dabei kaum herausschmecken.

Avocado-Mango-Smoothie

1 Avocado
1 Mango
1 EL Honig
200 ml Kokosmilch
3 Blättchen Minze
Eventuell etwas Wasser oder Eiswürfel hinzugeben

Avocado und Mango – wer hätte gedacht, dass diese beiden Königinnen der Früchte zusammen mit der Kokosmilch eine so unglaublich cremige und wohlschmeckende Mischung ergeben würden?

Birnen-Chili-Smoothie

1 Birne
1 Kiwi
1 halbe Gurke
1 Handvoll Mangold
1 EL Leinsamen
1 kleines Stückchen Ingwer
Eine Prise Chili
Wasser oder Eiswürfel

Diesen zugleich pikanten, scharfen und süßen Smoothie sollten Sie langsam Schluck für Schluck trinken, um alle seine Geschmacksnoten würdigen zu können.

Pak Choi-Limetten-Smoothie

1/2 Handvoll Pak Choi
1/2 Birne
Saft von 2 Limetten
100 ml Kokoswasser
Ein kleines Stückchen Biozitrone
Stevia oder Birkensüße nach Bedarf
Eventuell etwas Wasser oder Eiswürfel hinzugeben

Dieser leichte – und nicht sehr grüne – Smoothie ist ein guter Ersatz für einen frühen Abend-Cocktail und schmeckt wunderbar mit Eiswürfeln.

Rote Beete-Apfel-Karotten-Smoothie

1/2 Knolle roher rote Beete
1 Apfel
1/2 Karotte
1 Orange
1 Handvoll Pak Choi
1 EL Zitronensaft
Stevia oder Birkensüße nach Wunsch
Wasser oder Eiswürfel

Dank der überaus nährstoffreichen roten Beete feiert dieser feine Smoothie die Farbe der Liebe.

Gurke-Ananas-Smoothie

1/2 Gurke
200 g Ananas
1 Handvoll junger Spinat
2 EL Zitronensaft
Etwas Koreandergrün
1 Prise Kurkuma
Stevia oder Birkensüße nach Wunsch
Wasser oder Eiswürfel

Gurke, Ananas und Spinat finden sich hier in einem fein gewürzten grünen Smoothie.

Feldsalat-Kurkuma-Smoothie

2 Handvoll Feldsalat
1 Birne
1 Banane
1 kleines Stückchen Ingwer
1/2 TL Kurkuma
Stevia oder Birkensüße nach Wunsch
Wasser oder Eiswürfel

Dieser milde grüne Smoothie bekommt durch den scharfen Ingwer und das mildwürzige und leicht bittere Kurkumapulver seine besondere Note.

Rucola-Birnen-Smoothie

1 bis 2 Handvoll Rucola
2 Birnen
2 EL Zitronensaft
2 EL Sonnenblumenkerne
Ein paar Rosinen
Stevia oder Birkensüße nach Wunsch
Wasser oder Eiswürfel

Die Süße der Birnen und der Rosinen mildern
die typische Schärfe des stark chlorophyllhaltigen
Rucola ab.

Grünkohl-Banane-Smoothie

3 -4 große Blätter Grünkohl
1 Banane
1 Kiwi
2 Aprikosen
1 EL Zitronensaft
Stevia oder Birkensüße nach Wunsch
Wasser oder Eiswürfel

Der herrliche Grünkohl mit Kiwi und Aprikose –
ein grüner Smoothie-Traum!

Romanasalat-Papaya-Smoothie

2 Handvoll Romanasalat
1/2 Papaya
1 Orange
1/2 Avocado
100 ml Kokoswasser
3-4 Datteln
Wasser oder Eiswürfel

Die delikat schmeckende Papaya ist voller wichtiger Nährstoffe und eine der besten Früchte für Ihre Gesundheit. Mit Avocado und Orange ergibt dieser Smoothie einen cremigen köstlichen Drink.

Feldsalat-Orangen-Smoothie

2 Handvoll Feldsalat
2 Orangen
1 EL Zitrone
1 EL Sonnenblumenkerne
Stevia oder Birkensüße nach Wunsch
Wasser oder Eiswürfel

Dies ergibt einen leicht säuerlichen eher milden grünen Smoothie.

Sellerie-Grapefruit-Smoothie

2 Stangen Staudensellerie
1 Handvoll Feldsalat
1 Grapefruit
1 Orange
1 TL Zitronensaft
3 Datteln
Stevia oder Birkensüße nach Wunsch
Wasser oder Eiswürfel

Fruchtig-süß-säuerlich und natürlich unglaublich gesund!

Mandelmilch-Beeren-Smoothie

1 Handvoll junger Spinat
1 Handvoll Rucola
2 Handvoll Beeren (was Sie gerade da haben)
1 Banane
150 ml Mandelmilch
Stevia oder Birkensüße nach Wunsch
Wasser oder Eiswürfel

Beeren aller Art passen immer hervorragend zu Mandelmilch. Diesen Smoothie sollten Sie gut mit

Süßem abschmecken, um dem scharfen Rucola ein Gegengewicht zu bilden.

Avocado-Zucchini-Smoothie

1 Avocado
1/2 Zucchini
1/2 Gurke
1 Banane
150 ml Apfelsaft
Zucker oder Birkensüße nach Wunsch
Wasser oder Eiswürfel

Die Zucchini verbindet sich geschmacklich perfekt mit der Avocado. Zusammen ergeben sie einen milden cremigen Smoothie.

Mangold-Orangen-Smoothie

1/2 Bund Mangold
1/2 Bund Petersilie
2 Orangen
1 EL Zitronensaft
1 Prise Kurkuma
Stevia oder Birkensüße nach Wunsch
Wasser oder Eiswürfel

Kurkuma gilt bis heute als eines der wichtigsten Heilmittel in der Ayurveda-Medizin und schmeckt leicht bitter-scharf. Eines meiner liebsten Smoothie-Gewürze.

Zimt-Tropenfrüchte-Smoothie

2 Handvoll junger Spinat
1 Orange
2 Handvoll Ananas
1 Kiwi
2 TL Agavendicksaft
1 Prise Zimt
1 Prise Kurkuma
Wasser oder Eiswürfel

Zimt und Kurkuma sind beide äußerst heilkräftigen Gewürze und sollten nicht nur hin und wieder in Ihrem Smoothie landen. Vor allem der Zimt verbunden mit den tropischen Früchten gibt diesem Smoothie hier das besondere Etwas.

Salat-Beeren-Smoothie

2 Handvoll Salat der Saison
1 Handvoll junger Spinat
1 Handvoll Himbeeren
1 Handvoll Johannisbeeren
1 Handvoll Brombeeren
1/2 Banane
1 Prise Zimt
1 EL Honig
Wasser oder Eiswürfel

Alle Beeren haben einen hohen Vitamin- und Mineralstoffgehalt und sind äußerst gesund. Gleichzeitig schmecken sie so fantastisch, dass Sie diesen milden fruchtigen Smoothie lieben werden. Wenn Sie tiefgekühlte Sorten nehmen, stellen Sie sicher, dass den Beeren kein Zucker beigefügt wurde.

Spinat-Mandelmilch-Smoothie

2 Handvoll junger Spinat
1 tiefgekühlte Banane
1/2 Mango
1 TL Vanilleextrakt
5 Mandeln
150 ml Mandelmilch
Stevia oder Birkensüße nach Wunsch
Etwas Wasser oder Eiswürfel nach Wunsch

Mango, Vanille und Mandeln verbinden sich hier
mit der tiefgekühlten Banane zu einem süßen
cremigen Smoothie, der zwar grün aussehen wird,
aber eher nach leckerem Nachtisch schmeckt. Ein
Highlight für Schleckermäuler!

Sprossengrün-Mandelmus-Smoothie

1 Handvoll Sprossengrün
1 Handvoll Salat der Saison
1 Banane
1 EL Mandelmus
100 ml Orangensaft
Stevia oder Birkensüße nach Wunsch
Wasser oder Eiswürfel

Sprossen aller Art stecken voller wichtiger Vitalstoffe und sind eine dankbare Zutat für Ihren grünen Smoothie.

Grünkohl-Avocado-Smoothie

3-4 große Blätter Grünkohl
1 Avocado
2 Stangen Staudensellerie
1 Birne
1 Apfel
Stevia oder Birkensüße nach Wunsch
Wasser oder Eiswürfel

Dies ergibt einen äußerst nährstoffreichen und eher milden cremigen grünen Smoothie.

Romanasalat-Zitronen-Smoothie

1/2 Kopf Romanasalat
1 Stange Staudensellerie
1 Handvoll junger Spinat
1 Birne
1 Banane
1 EL Zitronensaft
Ein Stückchen Biozitrone
Ein kleines Stückchen Ingwer
Stevia oder Birkensüße nach Wunsch
Wasser oder Eiswürfel

Dies ergibt einen leicht säuerlich-milden grünen Smoothie, der durch das Stückchen Ingwer noch einen kleinen Schuss Schärfe beinhaltet.

Petersilie-Birnen-Smoothie

1 Bund Petersilie
1 Birne
1 Kiwi
200 ml Kokoswasser
1 kleines Stückchen Biozitrone
Stevia oder Birkensüße nach Wunsch
Etwas Wasser oder Eiswürfel

Die Petersilie schmeckt lecker und ist so voller Vitamine und Mineralien, dass sie nicht nur ein Schattendasein am Tellerrand führen sollte. In dieser raffinierten Zusammenstellung bekommt sie einen guten Platz in diesem feinen Smoothie.

10 herzhafte grüne Smoothie-Rezepte

Gurke-Minze-Smoothie

1 kleine Gurke
1 Bund frischer Minze
1 Handvoll Feldsalat oder junger Spinat
100 ml Sojajoghurt
1 EL Sonnenblumenkerne
Etwas Zitronensaft
Salz und Pfeffer nach Wunsch
Etwas Wasser oder Eiswürfel

Dieser feine sättigende Smoothie erinnert an Tsatsiki und schmeckt besonders gut, wenn es so richtig heiß ist. Unbedingt gekühlt trinken oder, besser noch, langsam löffeln. Wer Sojajoghurt nicht mag, kann ausnahmsweise auch Buttermilch nehmen.

Spinat-Gurken-Smoothie

1 Handvoll junger Spinat
1 kleine Gurke
1/2 Bund Petersilie
1 kleines Stückchen Biozitrone
Salz und Pfeffer nach Wunsch
Wasser oder Eiswürfel

Dieser einfache leichte Smoothie ist ein erfrischendes Getränk für jeden Tag. Unbedingt gut gekühlt trinken!

Rucola-Paprika-Smoothie

1 Handvoll Rucola
1 Paprika
1/2 Gurke
6 getrocknete Aprikosen
1 EL Sonnenblumenkerne
Etwas Zitronensaft
1 Prise Chili
Honig zum abschmecken
Wasser oder Eiswürfel

Dieser raffinierte Smoothie ist gleichzeitig süß, scharf und herb. Es lohnt sich, ihn mit Honig und Chili genau abzuschmecken, damit alle Geschmacksnoten zum Tragen kommen. Ein ganz besonderer Genuss.

Sellerie-Tomaten-Smoothie

2 Tomaten
2 Stangen Staudensellerie
2-3 große Blätter Wirsing
1 kleine Birne
1 Prise Chili
Etwas Petersilie
Salz und Pfeffer nach Wunsch
Wasser oder Eiswürfel

Die Birne bringt eine süße Note in diesen herzhaften leckeren Smoothie hinein.

Spinat-Avocado-Smoothie

1 Handvoll junger Spinat
1 kleine Avocado
1/2 Gurke
1 Kiwi
1 Orange
150 bis 200 g Sojajoghurt
Etwas Minze
Etwas frischer Koriander
Eine Prise Cayennepfeffer
Stevia oder Birkensüße nach Wunsch
Eventuell etwas Wasser oder Eiswürfel hinzugeben

Dieser herzhafte grüne Smoothie ist durch die Avocado sehr sättigend und mit Koriander und Minze raffiniert gewürzt. Eine echte Smoothie-Überraschung!

Paprika-Zucchini-Smoothie

1 grüne Paprika
1 rote Paprika
1 Zucchini
4 Tomaten
1/2 kleine Zwiebel (ausnahmsweise)

1 Prise Chili
1 TL Agavendicksaft
Salz und Pfeffer nach Wunsch
Wasser oder Eiswürfel

Schön kalt getrunken ähnelt dieser Smoothie einer leckeren spanischen Gazpacho Suppe. Wer braucht da noch ein Mittagessen?

Staudensellerie-Avocado-Smoothie

3 Stangen Staudensellerie
1 Avocado
1 Tomate
2 TL Zitronensaft
Salz und Pfeffer nach Wunsch
Wasser oder Eiswürfel

Die Staudensellerie wirkt antientzündlich und blutdrucksenkend und ist eine der besten Gemüse-zutaten zum entgiften und entwässern. In diesem herzhaften Smoothie verbindet sie sich perfekt mit der Avocado.

Sellerieblätter-Gemüse-Smoothie

1 Handvoll Sellerieblätter
1 kleine Zucchini
1/2 Karotte
1/2 Gurke
1 Tomate
Salz und Pfeffer nach Wunsch
Wasser oder Eiswürfel

Nicht nur die Stangen und Knollen, auch die Blätter des Selleries sind wertvoll. Sie wirken entgiftend, verdauungsanregend und förderlich auf das Nervensystem und das Gehirn.

Feldsalat-Paprika-Smoothie

2 rote Paprika
1 Handvoll Feldsalat
2 Tomaten
1/2 Gurke
1 Apfel
1 EL Zitronensaft
1 Prise Cayennepfeffer
Salz und Pfeffer nach Wunsch
Wasser oder Eiswürfel

Cayennepfeffer besteht aus gemahlenen Chilis und wirkt stark stoffwechselanregend. Eine Prise in Ihrem Smoothie bringt Sie richtig in Schwung.

Mangold-Avocado-Smoothie

1 Handvoll Mangold
1 Avocado
1 Messerspitze Meerrettich
1 EL Zitronensaft
Etwas Oregano
Etwas Basilikum
Salz und Pfeffer nach Wunsch
Wasser oder Eiswürfel

Dies ergibt einen herzhaften, durch den Meerrettich leicht scharfen Smoothie. Oregano ist ein ausgezeichnetes natürliches Antibiotikum und schmeckt meist sehr intensiv – deshalb sparsam verwenden.

15 Superfood-Smoothie-Rezepte

Beeren-Weizengras-Smoothie

1 Banane
100 g gefrorene Erdbeeren oder Himbeeren
1 Orange
1 EL Weizengraspulver
200 ml Mandelmilch
1 Messerspitze Vanilleextrakt
1 TL Agavendicksaft
Eventuell etwas Wasser oder Eiswürfel hinzugeben

Dieser leckere Drink mit Mandelmilch kann auch gut das Frühstück ersetzen. Weizengras hat eine äußerst hohe Nährstoffdichte und ist der perfekte Muntermacher.

Spirulina-Weizengras-Smoothie

100 ml Orangensaft
1 Orange
2 TL Spirulinapulver
1 TL Weizengraspulver
Stevia oder Birkensüße nach Wunsch
Eventuell etwas Wasser oder Eiswürfel hinzugeben

Spirulina - eine Süßwasseralge - ist dank seiner
vielen Nährstoffe zwar ein potentes Superfood,
aber geschmacklich meist keine Offenbarung im
Smoothie. Mit Orangensaft hingegen harmoniert
er prächtig.

Ananas-Mango-Hanfsamen-Smoothie

1 Mango
1 Handvoll Ananas
150 ml Kokoswasser
2 EL Hanfsamen
1 TL Zitronensaft
Stevia oder Birkensüße nach Wunsch
Etwas Wasser oder Eiswürfel hinzugeben

Hanfsamen sind sehr nährstoffreich und schmecken mild und leicht nussig. Sie passen zu fast allen Smoothies, auch zu diesem cremigen Südsee-Smoothie.

Bananen-Kakao-Hanfsamen-Smoothie

1 Banane
1 TL Kakao
2 TL Hanfsamen
150 ml Mandelmilch
Stevia oder Birkensüße nach Wunsch

Kakao wirkt belebend und stimmungsaufhellend, da es die Serotoninausschüttung stimuliert. Das perfekte süße Frühstück, wenn man frisch und munter in den Tag starten möchte und es schnell gehen soll.

Kakao-Chiasamen-Datteln-Smoothie

1 Banane
1/2 Birne
3 - 4 Datteln
1 TL Kakaopulver
1 EL Chiasamen
1 Prise Zimt
1 Prise Cayennepfeffer
100 ml Mandelmilch
Eventuell etwas Wasser oder Eiswürfel hinzugeben

Kakao ist ein wunderbares Superfood und schmeckt im Smoothie sehr lecker mit cremigen Zutaten und Mandelmilch. Der Zimt und der Cayennepfeffer sorgen bei diesem Highlight für das gewisse Etwas. Einer meiner Lieblings-Smoothies!

Mango-Chiasamen-Smoothie

1 Mango
1 Birne
50 ml Kokosmilch
1 EL Chiasamen
1 TL Weizengraspulver

Stevia oder Birkensüße nach Wunsch
Wasser oder Eiswürfel

Die winzigen Chiasamen sind sehr nährstoffreich, haben aber einen geringen Eigengeschmack. So sind sie die perfekte Superfood-Zutat für fast jeden Smoothie. Dieser leckere Drink ist ein fantastischer Ersatz für einen abendlichen Cocktail. Nach dem Mixen ein paar Minuten nachquellen lassen.

Kokoswasser-Chiasamen-Smoothie

2 EL Chiasamen
200 ml Kokoswasser
1 Handvoll Johannisbeeren
1 TL Zitronensaft
Stevia oder Birkensüße nach Wunsch

Diesen köstlichen Chiasamen-Drink sollte man nach dem Mixen noch ein paar Minuten quellen lassen. Alternativ können Sie alle Zutaten außer den Beeren mixen und dann die Johannisbeeren zum Löffeln hineingeben. Ein Genuss!

Orangen-Goji-Beeren-Smoothie

2 Orangen
1 tiefgekühlte Banane
2 EL Goji-Beeren
1 Stückchen Biozitrone
Stevia oder Birkensüße nach Wunsch
Wasser oder Eiswürfel

Wetten, dass dieser herrlich fruchtige Smoothie einer Ihrer Lieblings-Smoothies werden wird? Gojibeeren aus der Himalayaregion werden auch „Frucht des langen Lebens" genannt und enthalten hoch konzentrierte wichtige Nährstoffe. Sie schmecken süß und etwas herb und passen zu fast allen Smoothies.

Himbeeren-Goji-Beeren-Smoothie

2 Handvoll gefrorene Himbeeren
1 kleiner Bund Pak Choi
1 Banane
3 Datteln
2 EL Goji-Beeren
1 EL Brennesselsamen
1 EL Zitronensaft

4 oder 5 Blätter Minze
Stevia oder Birkensüße nach Wunsch
Wasser oder Eiswürfel

Die Minze und die Gojibeeren geben diesem
Sommersmoothie das besondere Etwas. Minze ist
immer sehr intensiv im Smoothie, deshalb ist es
besser, erst wenige Blätter hinzuzugeben und zu
kosten, bevor man eventuell zu viel des Guten tut.

Orangen-Moringa-Smoothie

1/2 Bund Mangold
2 Orangen
2 TL Moringapulver
1 TL Zitronensaft
5 Datteln
1 Prise Zimt
Stevia oder Birkensüße nach Wunsch
Wasser oder Eiswürfel

Der Moringabaum gilt als die nährstoffreichs-
te Pflanze der Welt. Das Pulver besteht aus fein
gemahlenen Blättern und schmeckt etwas herb und
bitter. Hier ist es besonders wichtig, gut zu süßen,
damit der Smoothie so richtig gut schmeckt.

Avocado-Moringa-Smoothie

1 Avocado
1/2 Mango
5 Datteln
2 TL Moringapulver
200 ml Kokosmilch
Stevia oder Birkensüße nach Wunsch
Eventuell etwas Wasser oder Eiswürfel hinzugeben

Dieser sehr cremige feine Smoothie ist eine wahre
Nährstoffbombe und schmeckt köstlich.

Maca-Datteln-Smoothie

5 Datteln
8 Pekannüsse
1 tiefgekühlte Birne
1/2 tiefgekühlte Banane
1 TL Macapulver
1 TL Kokosflocken
1 Prise Zimt
150 ml Mandelmilch
Etwas Wasser oder Eiswürfel

Dieser Smoothie ist wie ein köstlicher süßer Nachtisch - und auch genauso reichhaltig. Eine süße Leckerei für zwischendurch! Maca, die vitalisierende Wurzel aus den Anden, wirkt energiesteigernd und aphrodisierend und schmeckt leicht nach Kaffee.

Matcha-Latte-Smoothie

2 TL Matchapulver
250 ml heiße Mandelmilch (oder Reis- oder Dinkelmilch)
1 TL Agavendicksaft
Eventuell ein klein wenig heißes Wasser

Das Getränk kann auch nur kurz mit dem Schneebesen aufgeschlagen werden. Dieses aus Japan kommende Getränk ist zu köstlich, um nicht in dieses Buch aufgenommen zu werden, auch wenn es kein richtiger Smoothie ist. Matcha ist ein zu feinem Pulver gemahlener Grüntee (mit etwas Koffein) bester Qualität, der einen im Handumdrehen hellwach und voller Energie werden lässt.

Granatapfel-Mandelmilch-Smoothie

Kerne eines halben Granatapfels
1 Banane
Mehrere Goji-Beeren
3 Datteln
150 ml Mandelmilch
Stevia oder Birkensüße nach Wunsch
Eventuell etwas Wasser oder Eiswürfel hinzugeben

Der Granatapfel hat eine äußerst starke antioxidative Wirkung und ist ein wahres Powerpaket. Besonders schön sieht es aus, wenn man den fertigen Smoothie mit ein paar Granatapfel-Kernen bestreut.

Super-Superfood-Smoothie

1 Handvoll junger Spinat
1 Handvoll Blaubeeren
1 TL Weizengraspulver
1 TL Chlorellapulver
1 EL Chiasamen
1 EL Gojibeeren
1 EL Hanfsamen
2 TL Kokosnussöl

Stevia oder Birkensüße nach Wunsch
Wasser oder Eiswürfel

Vorsicht mit diesem Smoothie! Sie könnten einen
so unglaublichen Energiekick bekommen, dass Sie
nur so durch den Tag fliegen und gleich noch die
Nacht durchmachen! Wenn Sie sich einmal wirklich alles Gute auf einmal geben möchten...

10 Wildkräuter-Smoothie-Rezepte

Brennessel-Bananen-Smoothie

2 Handvoll Brennesseln
1 Banane
1 Apfel
2 TL Zitronensaft
Zucker oder Birkensüße nach Wunsch
Wasser oder Eiswürfel

Die Brennessel ist ein richtiger Allrounder in der Pflanzenheilkunde und gehört zu den heilkräftigsten Kräutern, die wir in der Natur finden. Er wirkt entgiftend, blutdrucksenkend, blutreinigend, harntreibend, verdauungsfördernd und entzündungshemmend und enthält riesige Mengen an dem wichtigen Chlorophyll.

Giersch-Orangen-Smoothie

Zwei Handvoll junger Giersch
1/2 Avocado
1 Orange
1 Handvoll Beeren
2 EL Cashewkerne
1 TL frischer Rosmarin
Stevia oder Birkensüße nach Wunsch
Wasser oder Eiswürfel

An Beeren nehmen Sie einfach die, die Sie gerade zur Verfügung haben. In diesem raffinierten Smoothie fügt sich der milde Giersch perfekt zu den Aromen der Orange und des Rosmarins.

Spitzwegerich-Apfel-Smoothie

1 Handvoll Spitzwegerich
Ein paar Gänseblümchen
1/2 Banane
1/2 Gurke
Ein kleines Stückchen Ingwer
Stevia oder Birkensüße nach Wunsch
Wasser oder Eiswürfel

Der überall zu finden Spitzwegerich wirkt antibakteriell, schleimlösend und entzündungshemmend und ist besonders hilfreich bei Bronchitis, Erkältungen und Asthma.

Löwenzahn-Petersilien-Smoothie

1 Handvoll Löwenzahn
1 Bund Petersilie
1 Birne
1 Handvoll Heidelbeeren
Stevia oder Birkensüße nach Wunsch
Wasser oder Eiswürfel

Der etwas bitter schmeckende Löwenzahn ist eine der wertvollsten Heilpflanzen und sollte ein Stammplätzchen in Ihren Smoothies bekommen. Er wirkt blutreinigend, entgiftend, harntreibend und stark verdauungsfördernd und bringt Vitalität und Lebenskraft in die müden Glieder.

Brennesselsamen-Beeren-Smoothie

1 Handvoll Brennesselsamen
2 Handvoll Beeren
1 Kiwi
1 TL Zitronensaft
1 TL Agavendicksaft
Wasser oder Eiswürfel

Brennesselsamen sind wahre Power-Pakete, so viele
Nährstoffe enthalten sie. Sie können sie ab Mitte
Juli bis in den November hinein sammeln. Falls Sie
getrocknete Samen verwenden, nehmen Sie nur die
halbe Menge.

Schafgarben-Birnen-Smoothie

1/2 Handvoll Schafgarbe
5-6 Blätter Löwenzahn
1 Birne
1 Apfel
1 EL Mandelmus
1 TL Zitronensaft
Stevia oder Birkensüße nach Wunsch
Wasser oder Eiswürfel
.

Dieser durch die vielseitig heilkräftige Schafgarbe und den Löwenzahn etwas herbe Smoothie ist eine wahre Nährstoffbombe.

Gänseblümchen-Aprikosen-Smoothie

1 Handvoll Gänseblümchen
3-4 Blätter Löwenzahn
Mehrere junge Apfelbaumblätter
5 Aprikosen
1/2 Apfel
1/2 Orange
3 Blätter Minze
Stevia oder Birkensüße nach Wunsch
Wasser oder Eiswürfel

Kaum jemand weiß, dass das Gänseblümchen einen kraftvolle Heilpflanze ist, die dank seiner vielen Nährstoffe blutreinigend, entwässernd und stoffwechselanregend wirkt. Zusammen mit den Aprikosen und der Minze ist dies ein feiner exquisiter Smoothie.

Brennessel-Ingwer-Smoothie

1 Handvoll Brennesseln
1/2 Bund Petersilie
1/2 Banane
5 Datteln
Ein kleines Stückchen Ingwer
Eine Prise Kardamom
Eine Prise Chili
Eine Prise Zimt
Eine Prise Salz

Dies ergibt einen sehr raffiniert gewürzten süß-scharfen Smoothie. Der Kardamom darin wirkt verdauungsfördernd und stimmungsaufhellend, aber vor allem erinnert der Geruch Sie vielleicht an eine dampfende Tasse guten Chai...

Wildkräuter-Avocado-Smoothie

Zwei Handvoll Wildkräuter
1 Avocado
1 Messerspitze Meerrettich
1 TL Zitronensaft
Etwas Oregano
Etwas Basilikum

Salz und Pfeffer nach Wunsch
Wasser oder Eiswürfel

Giersch, Brennessel, Labkraut, Löwenzahn, Gänseblümchen und mehr... Schlendern Sie nach dem Aufstehen in Ihren Garten und sammeln auf Ihrer Runde von allem etwas, was er zu bieten hat. So vielfältig werden auch die Nährstoffe in Ihrem Smoothie sein.

Wildkräuter-Mandelmus-Smoothie

2 Handvoll Wildkräuter
1 Apfel
1 Birne
2 EL Mandelmus
1 EL Zitronensaft
1 EL Walnusskerne
Stevia oder Birkensüße nach Wunsch
Wasser oder Eiswürfel

Alle Nüsse strotzen nur so vor Kraft und enthalten einen hohen Anteil an mehrfach ungesättigten Fettsäuren und viele B-Vitamine. Die Walnüsse und das Mandelmus mache diesen Smoothie besonders sämig und reichhaltig.

10 Smoothie-Spezial-Rezepte

Glückliches Herz

1 Karotte
2 Stangen Sellerie
1 Handvoll Johannisbeeren
1 Handvoll Heidelbeeren
1 großes Stück Wassermelone
5 Walnüsse
1 Prise Zimt
Ein Stückchen Ingwer
Stevia oder Birkensüße nach Wunsch
Wasser oder Eiswürfel

Dieser Smoothie besteht nur aus Zutaten, die für ein gesundes und starkes Herz und gesunde Gefäße sorgen - außerdem schmeckt er köstlich!
Der Sellerie wirkt blutdrucksenkend, die Karotte und die Walnüsse cholesterinsenkend und die Wassermelone wirkt der Verklumpung der Blutplättchen entgegen. Die Beeren enthalten Anthozyanoside, die Blutgefäße vor Ablagerungen und so vor Arteriosklerose schützen. Der Ingwer wirkt blutverdünnend und anregend. Wer es noch gesünder haben möchte, kann noch etwas Knoblauch

und Zwiebeln hinzufügen – dann leidet allerdings der Geschmack ein wenig.

Adlerauge

1 Handvoll junger Spinat
1 Karotte
1 Handvoll Blaubeeren
1 Orange
1 EL Leinsamen
1 EL Sonnenblumenkerne
3 Paranüsse
1 EL Zitronensaft
Stevia oder Birkensüße nach Wunsch
Wasser oder Eiswürfel

Dieser gehaltvolle Smoothie enthält mehrere der wichtigsten Nährstoffe für die Augen. Die Omega-3-Fettsäuren aus den Leinsamen sind immens wichtig für die Netzhaut. Vitamin A, das klassische Augenvitamin, ist reichlich in der Karotte vorhanden. Vitamin C kommt aus dem Spinat und der Orange. Zink unterstützt die Aufnahme von Vitamin A und ist in Sonnenblumenkernen enthalten. Nüsse - vor allem Paranüsse - enthalten viel Selen und Vitamin E. Die Blaubeeren enthalten

Anthocyane, die effektive Radikalfänger sind und die Versorgung des Auges mit Nährstoffen und Sauerstoff verbessern.

Durch die Leinsamen, Sonnenblumenkerne und Paranüsse wird der Smoothie sehr sämig und reichhaltig. Ein Wundertrunk, der Ihre Augen - und nicht nur Ihre Augen - mit allen Nährstoffen versorgt, die sie brauchen.

Der Durchputzer

1 Apfel
1 Handvoll Brombeeren oder Heidelbeeren
Mehrere Blätter Löwenzahn
1 EL Flohsamen
1 EL Chiasamen
Stevia oder Birkensüße nach Wunsch
Wasser oder Eiswürfel

Lassen Sie diesen Smoothie nach dem Mixen noch einige Minuten nachziehen, da die Chiasamen noch etwas aufquellen. Alle Zutaten enthalten viele Ballaststoffe und darmfreundliche Zutaten und sorgen für einen schnellen Durchlauf durch den Verdauungstrakt, helfen also bei der Darmreinigung. Ein hilfreicher Smoothie auch bei Verstopfung.

Wunderschöne Haut

1/2 Bund Pak Choi (oder anderer Kohl)
2 Stangen Sellerie
1/2 Gurke
1 Mango
2 EL Petersilie
2 EL Zitronensaft
Ein kleines Stückchen Ingwer
Wasser oder Eiswürfel

Dies ergibt einen wunderbar frisch schmeckenden Smoothie, der voller Inhaltstoffe steckt, die für eine schöne strahlende Haut wichtig sind. Vor allem die Mango gilt als das Beautyfood schlechthin, so reich ist sie an wertvollen Nährstoffen, die die Haut verjüngen und schützen. Extratipp: die Mango wirkt auch äußerlich. Einfach etwas Mango kleinschneiden und auf dem Gesicht verteilen, das macht die Haut zart und frisch.

Liebeslust

1 Handvoll Erdbeeren
1 Banane
2 EL Granatapfelkerne

1 TL Kakao
1 TL Maca
Etwas Vanilleextrakt
Stevia oder Birkensüße nach Wunsch
Wasser oder Eiswürfel

Dieser leckere Smoothie besteht ausschließlich aus anregenden und aphrodisierenden Zutaten, die Sinnlichkeit, Liebeslust und Ausdauer beim Liebesspiel steigern. Besonders hübsch sieht es aus, wenn Sie den fertigen Smoothie mit einigen Granatapfelkernen und einem Stängel Basilikum - der ebenfalls aphrodisierend wirkt - dekorieren.

Glückskeks-Smoothie

1 Avocado
1 Banane
1 EL Leinsamen
Mehrere Walnüsse
Mehrere Mandeln
Einige Rosenblätter
1/2 Liter Melissentee
Stevia oder Birkensüße nach Wunsch

Bei diesem Smoothie bleiben Sie ganz entspannt im Hier und Jetzt! Die Omega-3-Fettsäuren in den Leinsamen und Walnüssen vertreiben trübe Gedanken und die Folsäure in der Avocado wird für die Botenstoffe Dopamin und Serotonin benötigt, die wichtig für ein ausgeglichenes Gemüt sind. Die Banane und die Nüsse enthalten viel Tryptophan, aus dem das Glückshormon Serotonin gebildet wird. Die Melisse und die Rosenblätter enthalten beruhigende und nervenstärkende Substanzen. Ein leckerer reichhaltiger Drink, dem man noch, wenn man möchte, einen halben Teelöffel Kakao beifügen kann.

Schlaftrunk

1 Banane
Mehrere Mandeln
2 TL Honig
300 ml kalter Kamillentee

Die Banane enthält viel Magnesium, was die Muskeln entspannt. Außerdem enthält sie wie die Nüsse viel Tryptophan, was nicht nur das Serotonin, sondern auch die Melatoninbildung, die wichtig zum müde werden ist, anregt. Zusammen mit dem Honig und dem Kamillentee ergibt dies einen gesunden Drink, der am Abend getrunken schlaffördernd wirkt. Auf süße Träume!

Zimtwunder

1 EL Honig
1 TL Zimt
1/2 Liter heißes Wasser

Alle Zutaten mischen und miteinander verrühren oder im Mixer kurz aufschäumen. Am besten die Hälfte morgens nüchtern eine halbe Stunde vor dem Frühstück trinken und den Rest später am Tag.
Dieses Getränk schmeckt etwas gewöhnungsbedürftig, hat es aber in sich! Die Verbindung von Honig und Zimt scheint die Wirkung der beiden Bestandteile noch zu verstärken. Honig-Zimt revitalisiert die Blutgefäße, hilft also bei Herz-Kreislauferkrankungen, senkt den Cholesterin- und Blutzuckerspiegel und hilft bei Erkältungen, Blasenentzündungen und Arthritis. Es wirkt allgemein entzündungshemmend, aktiviert stark den Stoffwechsel und hilft so wirksam beim Abnehmen und Entgiften.

Zitrone-Kurkuma

1/2 TL Kurkuma
2 EL Zitronensaft
1/2 EL Honig
1/2 Liter heißes Wasser

Hier noch ein weiterer Wunderdrink, der vor allem morgens getrunken werden möchte! Einfach zusammenmixen und ein Glas morgens und das andere später am Tag trinken.
Kurkuma ist eine der bedeutendsten asiatischen Heilpflanzen und wird schon lange in der Ayurvedischen Medizin eingesetzt. Wenn Sie Ihrem Speiseplan oder Ihren Smoothies regelmäßig Kurkuma beifügen, haben Sie folgende Wirkungen zu erwarten: Kurkuma wirkt stark entzündungshemmend, antioxidativ, schützt vor neurodegenerativen Erkrankungen, entgiftet Quecksilber, hilft bei Darm- und Lebererkrankungen und ist besonders hilfreich bei allen Atemwegserkrankungen. Es färbt alles goldgelb und schmeckt eher mild.

Master Cleaner

10 Knoblauchzehen
2 Zwiebeln
2 scharfe frische Peperoni
Ein daumengroßes Stück Ingwer
2 TL Kurkuma
300 ml Bio-Apfelessig

Alles Zutaten im Mixer pürieren, in eine Flasche einfüllen und erst einmal zwei drei Tage stehen lassen (Kühlschrank ist nicht nötig). Danach können Sie jeden Tag 1/2 bis 2 EL pur davon einnehmen (Flasche vorher schütteln) oder als Zusatz zur Salatsoße verwenden. Achtung: intensiv und scharf! Das ist kein Smoothie mehr, sondern pure konzentrierte Medizin!

Dieser natürliche Saft mit nur ausschließlich sehr heilkräftigen Zutaten putzt die Arterien frei, regt das Herz-Kreislaufsystem und den Stoffwechsel stark an und ist somit eine perfekte Ergänzung für eine Diät oder zur Entgiftung. Es ist ein extrem starkes natürliches Antibiotikum, hilft wirksam bei allen entzündlichen Erkrankungen und schützt vor zu hohem Blutdruck und Blutzucker. Nehmen Sie den Knoblauchsaft kurweise ein paar Wochen ein und wenn es Ihnen gut tut, können Sie nach ein paar Wochen wieder von neuem starten. Es wäre fast ein Wunder, wenn Sie hiervon keine positive Veränderung merken würden!

Easy Detox mit Wildkräuter-Smoothies:
Das 10-Tage-Programm zum entgiften, loslassen, verjüngen

von Evelyne Laye

Easy Detox – entgiften, loslassen, verjüngen mit Wildkräuter-Smoothies! Wildkräuter-Smoothies sind einfach und schnell herzustellen und die beste Grundlage für eine effektive Entgiftungskur. Der grüne Zaubertrank mit seinen wertvollen Vitaminen, Mineralien, Enzymen, sekundären Pflanzenstoffen und seiner großen Menge an Chlorophyll reinigt tiefgreifend und nährt den Körper bis in jede Zelle hinein.

• Mit verständlichem Programm für jeden Tag – plus Einkaufsliste, Tipps zur Ernährung und leckeren Smoothies

• Mit allem Wissenswerten über vier unserer besten Wildkräuter – die Brennessel, den Löwenzahn, den Bärlauch und den Spitzwegerich

• Mit Detoxprogramm der Extraklasse – entlasten Sie Leber, Darm und Nieren und verwöhnen Sie sich mit Basenbaden, Leberwickeln und wirksamen Energieübungen

• Das bringt frische Ausstrahlung, gute Laune, reine Haut und ein paar Pfunde weniger – und ist die beste Vorbeugung für Ihre Gesundheit.

Wildkräuter-Smoothies: Pure Kraft aus der Natur
von Evelyne Laye

Schön, fit und gesund mit den fünfzehn wichtigsten Wildkräutern aus unserer Region.
Heimische Wildpflanzen mit ihren heilenden Kräften wachsen überall und sind leicht zu finden! Mit etwas Obst gemixt ergeben sie einen schnellen köstlichen Power-Drink, der Sie jeden Tag mit allen Nährstoffen versorgt, die Sie brauchen, um vital und leistungsfähig zu sein. Verwöhnen Sie sich und Ihre Lieben mit der grünen Kraft aus der Natur.

Mit genauen Beschreibungen der Wildkräuter, zahlreichen Farbfotos, vielen Rezepten und einem Erntekalender.

Im Internet und in allen Buchhandlungen für 9,95 Euro erhältlich. Auch als Ebook für 6,99 Euro.

ISBN 978-3-9815898-1-8

Biografie

Evelyne Laye ist seit 1994 Heilpraktikerin und Seminarleiterin in verschiedenen Städten im Süden Deutschlands. Vor allem arbeitet sie mit energetischer Psychologie (Autorin von therapeutischen Büchern und Selbsthilfe-Ratgebern) und verschiedenen Massageformen. Vor ein paar Jahren entdeckte sie die Welt der Heilkräuter und erforscht nun weiter, was für reiche und heilsame Geschenke die Natur uns zu bieten hat.

Hinweis

Die in diesem Buch enthaltenen Informationen wurden sorgfältig recherchiert und nach bestem Wissen und Gewissen wiedergegeben. Die Hinweise zu den Pflanzen und Zutaten ersetzen aber keineswegs die Hilfe und den Rat eines Heilpraktikers oder Arztes. Die Autorin und der Verlag übernehmen aus keinem Rechtsgrund Haftung für unsachgemäße Anwendung, Schäden und Unfälle.

Impressum

Die Deutsche Nationalbibliothek verzeichnet diese Publikation in der Deutschen Nationalbibliographie; detaillierte bibliographische Daten sind im Internet über http://dnb.d-nb.de abrufbar.

ISBN 978-3-9815898-5-6

Umschlaggestaltung, Satz und Layout:
Gregor Julien Straube, Tübingen, lektorat.straube@web.de
Druck: Steinmeier, Deiningen

Bildnachweis

Bigstock   U1 Vordergrund (maksheb), U1 Hintergrund (Valentina R.), 113 (SKunevski), U4 (Mukhina1)
Fotolia   U1 Vordergrund (fotoknips), 7 (seralex), 8 (mizina), 20 (pepe), 23 (Elena Schweitzer), 29 (seralex), 32 (monticellllo), 36 (Zerbor), 39 (seralex), 56-73 (liza5450), 74-81 (Lsantilli), 82-93 (seralex), 102-112 (Alexander Raths)
Gregor Julien Straube   U1 Hintergrund, 4, 12, 26, 30, 40-55, 94-101, 116
privat   5, 16, 115

Viel Freude mit den
Grünen Smoothies!